NOUVEAU
COURS DE SOLFÈGE

Élémentaire et Progressif

DIVISÉ EN DEUX PARTIES

À L'USAGE DES CLASSES DE CHANT

COMPOSÉ PAR

Ernest Reuchsel

CHAQUE PARTIE

PRIX, 1F 50

LYON

CHEZ L. JACQUET, RUE FERRANDIÈRE, 40

NOUVEAU

COURS DE SOLFÈGE

Elémentaire et Progressif

DIVISÉ EN DEUX PARTIES

A L'USAGE DES CLASSES DE CHANT

COMPOSÉ PAR

Ernest Reuchsel

CHAQUE PARTIE

PRIX: 1 F. 50.

LYON

IMP. L. JACQUET, RUE FERRANDIÈRE, 18.

1875

1876

Notions préliminaires

Classification des voix de Soprani
pour la formation d'un chœur.

Les Soprani se divisent en trois classes dont l'étendue de cha- -que classe peut se déterminer ainsi

N° 1 de mi à la   sous aigus 1ᵉʳ Soprano ou 1ᵉʳ Dessus.

N° 2 d'ut à mi   médium, 2ᵉ Soprano ou 2ᵉ Dessus.

N° 3 de sol à ut   sous graves, Alto ou 3ᵉ Dessus.

Quelques voix dépassent l'étendue déterminée en empruntent des sons, soit au grave soit à l'aigu, suivant la classe et le genre de voix.

— La musique est la science des rapports qui existent entre les sons et l'art de les combiner de manière à frapper agréable- -ment l'oreille.

— La musique se divise en deux parties bien distinctes, dont l'une est appelée vocale et l'autre instrumentale.

— La musique s'écrit au moyen de différents caractères; les lignes, les clefs, les notes.

— On appelle notes les signes qui servent à représenter les sons.

— Ces signes sont de petits points de formes différentes placés sur les lignes et entre les lignes. Ex.:

— Il y a 7 notes placées dans l'ordre suivant ascentionnel; do, ré, mi, fa, sol, la, si (Voir l'échelle musicale, tableau n° 1.)

7 — On distingue deux choses dans une note : sa tonalité et sa valeur. La tonalité d'une note dépend de la place qu'elle occupe sur la portée et de la clef. Sa valeur dépend de sa forme.

En appelle valeur la durée d'un son.

Les notes écrites audessus comme audessous de la portée empruntent de petites lignes appelées lignes additionnelles.

8 — Le signe placé au commencement de la portée est appelé clef de sol, donnant son nom à la seconde ligne, et déterminant la classification des notes pour les voix de soprani.

9 — La gamme. — On appelle gamme la réunion des 7 premiers sons, établis par degré conjoint, auquel on ajoute la répétition du premier appelé octave ou huitième son.

10 — On appelle degré conjoint la distance non dépassée d'un ton; degré disjoint la distance dépassant un ton.

11 — Le ton. — On entend par le mot ton tous les divers degrés d'élévation ou d'abaissement de la voix ou d'un instrument.

Les principaux tons de la musique sont au nombre de 7 : ut, ré, mi, fa, sol, la, si.

12 — La gamme se compose de 5 tons et deux demi-tons. La première note de la gamme est ut audessous des lignes jusqu'au si, terme final des noms de notes. Les notes qui dépassent cette limite d'ut à si, ne sont pas autre chose que les premiers sons répétés soit au grave, soit à l'aigu. On conclut de là que la gamme se compose de 7 termes, représentant les sons placés

à une distance mathématiquement calculée.

Si à la suite des 7 premiers sons, on y ajoute la répétition du 1er appelé ut, il en résultera 8 sons ou 8 degrés, qui, divisés en 2 portions égales donnent lieu à 2 tétracordes. — Le tétracorde est un instrument grec à 4 cordes. — Le premier de ces deux tétracordes sera appelé tétracorde inférieur composé de 2 tons et d'un demi-ton;

le 2ème appelé tétracorde supérieur, sera composé de 2 tons et d'un demi-ton également — . Ces deux tétracordes devront être parfaitement égaux. Les notes ut, ré, mi, fa auront pour suite sol, la, si. — ut, note supérieure ou répétée. — Donc 4 tons et deux demi-tons. La distance qui sépare fa de sol est d'un ton qui doit être ajouté aux 4 tons afin d'avoir la gamme complète.

En résumé, 5 tons et deux demi-tons — voir le tableau N° 1)

La gamme ainsi constituée prend le nom de gamme diatonique, gamme d'ut, naturelle (type des autres gammes)

13. — Il y a autant de gammes qu'il y a de tons.

Les sept tons, do, ré, mi, fa, sol, la, si, représentent sept gammes, qui, toutes reposent sur un principe invariable de former deux tétracordes composés chacun de deux tons et d'un demi-ton. Mais pour que toutes les gammes soient semblables, c'est-à-dire aient leurs intervalles constitués selon la gamme d'ut type, on a dû imaginer des signes pour modifier les notes et ainsi arriver au principe de la formation des tétracordes inférieur et supérieur.

14. — Ces signes sont de trois espèces : le dièse, ainsi fait #, placé avant une note, hausse cette note d'un demi-ton ; le bémol, ainsi fait, ♭, placé

avant une note l'abaisse d'un demi-ton; le bécarre, ainsi fait ♮, détruit l'effet produit par le dièse ou le bémol et remet la note dans son ton naturel.

On concevra donc facilement comment il sera possible de former les gammes ré, mi, fa, sol, la, si, ut # dièse.

15_ Les dièses se placent de quinte en quinte en montant.

Formation des gammes selon le principe énoncé.

gamme d'ut naturelle, type des gammes.

Pour éviter l'encombrement des dièses dans un morceau on les met seulement à la clef.

Exemple résumant tous les dièses: 

16 — De même que les dièses, les bémols se placent aussi à la clef de quinte en quinte en descendant :

Exemple résumant tous les bémols :

Les dièses et les bémols ont été placés dans le corps même de la gamme pour mieux comprendre la formation des tétracordes constituant les gammes proprement dites.

17 — Il y a aussi le double dièse ainsi fait : ✗ et le double ♭. Leur effet est d'augmenter la note d'un ton ou de la diminuer d'un ton.

18 — Il y a aussi la gamme par demi-tons qui a reçu le nom de chromatique.

Des Modes

19 — On appelle modes les différents caractères que peut posséder une gamme.

20 — Il y a deux modes ou caractères dont le 1ᵉʳ est appelé majeur, le 2ᵉ mineur.

Cette différence consiste dans le déplacement du 1ᵉʳ des demi-tons. Ainsi en abaissant d'un demi-ton la 3ᵗⁱᵐᵉ note d'une gamme majeure, on obtient une gamme mineure.

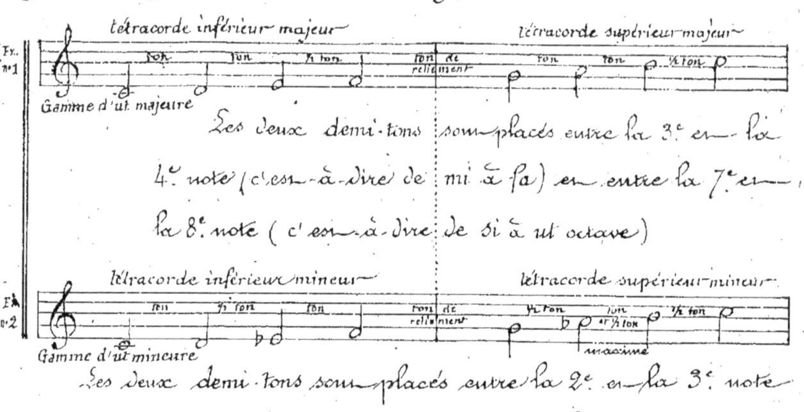

Les deux demi-tons sont placés entre la 3ᵉ et la 4ᵉ note (c'est-à-dire de mi à fa) et entre la 7ᵉ et la 8ᵉ note (c'est-à-dire de si à ut octave).

Les deux demi-tons sont placés entre la 2ᵉ et la 3ᵉ note (c'est-à-dire de re à mi) et entre la 7ᵉ et la 8ᵉ note (c'est-à-dire de si à ut octave).

Dans le 1ᵉʳ Ex : la tierce, c'est-à-dire l'intervalle compris entre la 1ᵉʳᵉ et la 3ᵉ note, se compose de deux tons, tandis que dans le second Ex : l'intervalle compris entre la 1ᵉʳᵉ et la 3ᵉ note se compose d'un ton et demi : là est la différence appelée tour à tour mode majeur (ou gamme majeure) mode mineur (ou gamme mineure).

21 — Chaque ton majeur (ou gamme majeure possède un ton mineur

qui lui est relatif et il est toujours facile de reconnaître cette relation en ce que le ton majeur et le ton mineur sont désignés à la clef par la même quantité de dièses et de bémols. Il suffit de descendre de trois notes au dessous du ton majeur pour trouver la relation qui lui est propre.

Tableau N°1.

Les signes d'intonation sont de deux sortes, savoir: les clefs et les notes.

Tableau N° 2
pour l'étude des demi-tons

Se servir rigoureusement des termes écrits placés en regard
des dièses et des bémols pour en assurer l'intonation d'une manière
parfaite.

Gamme chromatique descendante
par demi-tons — bémols

Gamme chromatique ascendante
par demi-tons — dièses

La
Leu
Sol
Jeu

fa
Mi
Meu
Ré
Reu
Do
Si
Seu
La
Leu
Sol
Jeu
Fa
Mi
Meu
Ré
Reu
Ut ou Do

La
Je
Sol
Fe
Fa
Mi
Re
Ré
Té
Do
Si
Lé
La
Jé
Sol
Fé
Fa
Mi
Ré
Ré
Té
Ut ou Do

N.B. _ Le sol dièse, le ré dièse, le fa dièse sont en
dehors des lignes pour mieux exprimer le déplacement ascentionnel de la note produit par le dièse.
Il en est de même pour ré bémol, si bémol, sol
bémol dont l'effet est inverse.

Tableau N°3.

Donnant clairement la durée des sons en regard avec le rapport des silences
dont les signes sont notablement différents.

Signes ou figures de notes
représentant la durée des sons musicaux.

Les signes ou figures de silences
représentent la durée des repos appelés
silence.

Appellation

Appellation

unité .... ou ronde

demi-unité .... ou blanche

quart d'unité .... ou noire

huitième d'unité .... ou croche

seizième d'unité .... ou double-croche

trente deuxième d'unité .... ou triple croche

La pause se place au dessous de la ligne — égale la durée de la ronde

La demi-pause se place au dessus de la ligne — égale la blanche

Le soupir a la tête tournée à droite — égale la noire

Le demi-soupir a la tête tournée à gauche — égale la croche

Le quart de soupir armé de deux traits — égale la double croche

Le 8.e de soupir armé de trois traits — égale la triple croche

Tableau N°4
Synonimie entre dièses et bémols.
Formule pour l'exercice du dièse et du bémol. — Doublez chaque reprise
sol fé fa mi
sol fé fa mi
sol jeu fa mi
sol jeu fa mi
la jé sol fa
la jé sol fa
la leu sol fa
la leu sol fa
si lé la sol
si lé la sol
si feu fa sol
si feu la sol
do si lé la
o si lé la
do si feu la
do si feu la
ré té do si
ré té do si
ré reu do si
ré reu do si
mi ré té do
mi ré té do
mi meu té do
mi meu té do
fa mi ré té
fa mi ré té
fa mi meu té
fa mi meu té

1ère Partie.

Exercices d'intonation & de mesure.

De l'intonation. On entend par intonation les rapports exacts dans l'émission des sons, tels que les lois de la physique les ont établis et qui sont basés sur les degrés appelés ton et demi-ton. (Voir la page 2, n° 11, pour ce qui concerne le ton.)

De la mesure. On entend par mesure la division de la durée des notes ou des silences, en parties égales appelées temps. Les mesures sont séparées entre elles par des lignes verticales qui ont reçu le nom de barres de mesure.

Battre la mesure. C'est faire des mouvements égaux de la main ou du pied; ces mouvements constituent ce qu'on appelle proprement dit le temps, représentant une fraction de mesure.

Il y a trois mesures types ou principales, savoir : la mesure à 2 temps, représentée par la fraction 2/4 ; la mesure à 3 temps, représentée par la fraction 3/4, et enfin la mesure à 4 temps, représentée par ce signe, C.

La Ronde. La ronde a pour unité la mesure à 4 temps ; ce qui veut dire que cette mesure renferme 4 mouvements égaux ayant pour note type divisible la ronde.

Dans la mesure à 4 temps le premier mouvement est en frappant, le 2e à gauche, le 3e à droite et le 4e en levant.

La Blanche. La blanche représente la moitié de la ronde et a
pour la mesure à 2 temps 2/4. La mesure à 2/4 renferme deux mouvements égaux ayant pour note type divisible la blanche.
Le 1er de ces deux mouvements est en frappant, le 2e en levant.

Des signes indicateurs.

Du Renvoi. On appelle renvoi un signe qui, placé à la fin d'une partie, indique que l'on doit retourner en arrière à son signe correspondant il est fait ainsi : $ (al segno, mon italien qui veut dire au signe,

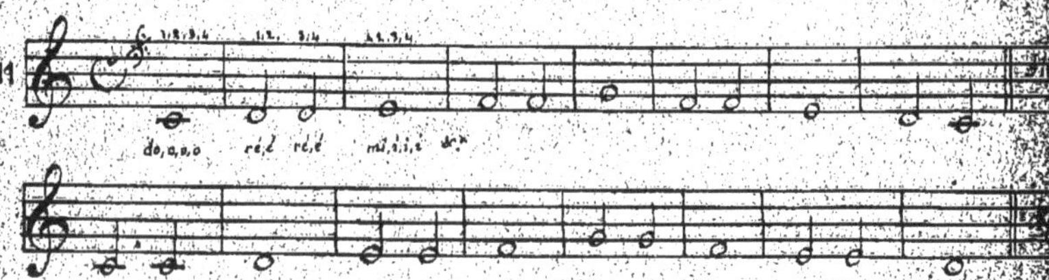

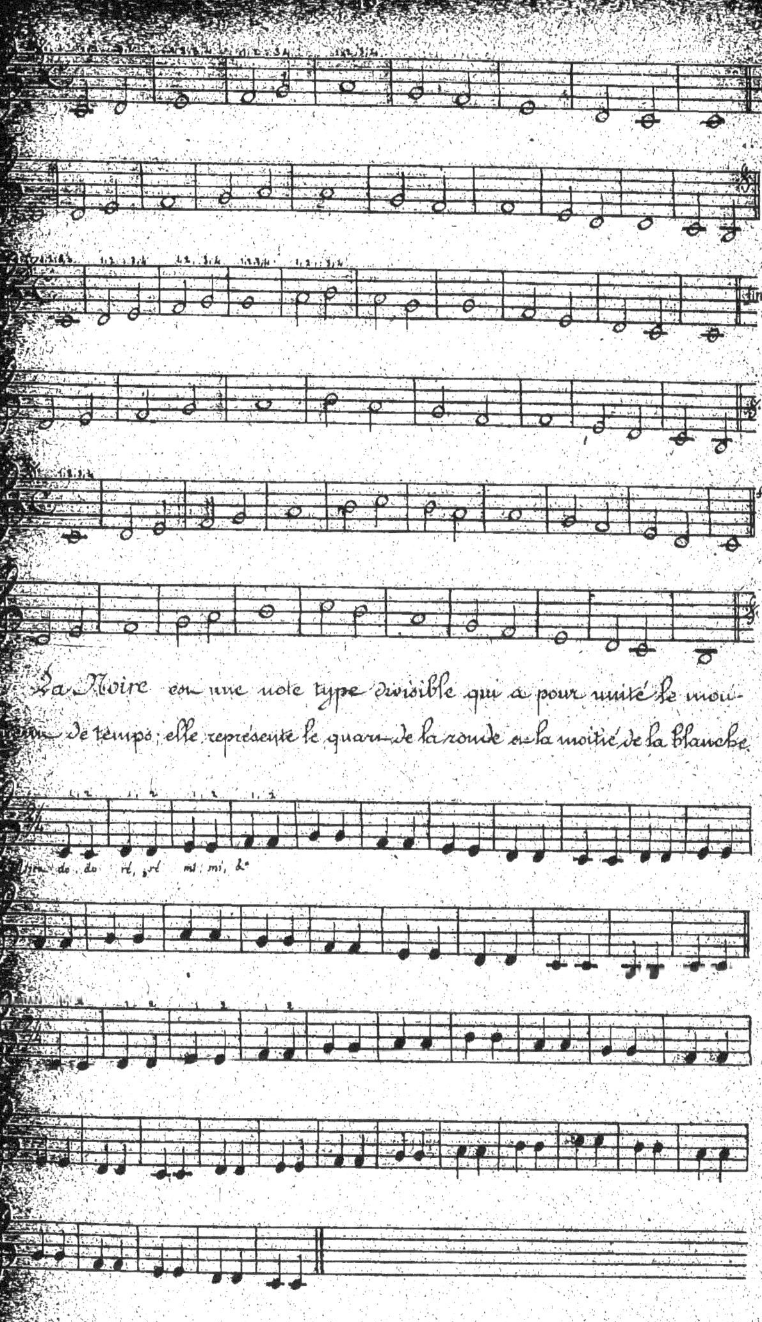

La Noire est une note type divisible qui a pour unité le mouvement de temps; elle représente le quart de la ronde ou la moitié de la blanche.

do ré mi fa sol fa mi ré do
Mélange — Rondes et blanches.
Mélange — Rondes, blanches et noires.
Thème
1ʳᵉ Variante
2ᵉ Variante
Thème

1re Variante
2e Variante
Thème
1re Variante
2e Variante
Thème
1re Variante

2.e Variante.
De la reprise. On appelle reprise toute pièce de musique qui, sans être
écrite deux fois se répète deux fois par la présence de ce seul signe :||
Blanches et noires.
25
1.re Volta
26
1. Volta
27
1. Volta
Rondes et noires.
28

Exercices cadencés.

Du point après la note. Le point placé après la note augmente cette note de la moitié de sa valeur. Placé après la blanche, il la prolonge d'un temps en plus. La blanche pointée est une valeur type divisible ayant pour unité la mesure à 3 temps 3/4.

La mesure à 3 temps se compose de 3 mouvements égaux dont le 1er en frappant, le 2e à droite, le 3e en levant.

Exercices sur la demi pause. La demi pause est un repos dont la durée égale la valeur de la blanche :

Exercices sur le soupir. Le soupir est un repos dont la durée égale la valeur de la noire.

Blanches, noires et soupirs.
B
Rondes, blanches, noires et soupirs. B
Blanches pointées

Exercices sur l'intervalle de tierce

Le mot intervalle veut dire distance d'une note à une autre note.

Les intervalles prennent le nom de seconde, tierce, quarte, quinte, sixte, septième, octave, neuvième, etc., selon qu'ils sont formés par 2, 3, 4, 5, 6, 7, 8, 9, etc. degrés.

Il y a aussi l'unisson, dont le rapport est le même entre deux mêmes notes : c'est-à-dire qui n'offre aucun degré différent d'élévation. Si on fait entendre successivement ou simultanément dans la gamme les deux notes extrêmes d'une série de 3 notes consécutives comme ＿ se nomment tierce ou intervalle de tierce.

Préparation à l'intervalle de tierce.

bis
61
62
63
demi-pause.
64
65

A
Exercices cadencés
B
A
B

Le *Da capo*. Le mot *Da capo* (par abréviation *D. C.*) placé à la fin de la seconde partie d'un morceau, avertit l'exécutant de reprendre le même morceau depuis le commencement et de continuer jusqu' au mot *fin* : signe final.

D.C.
75
fin
D.C.
A   Exercices cadencés B
76
77
78
79

Récréations.
1 Volta
2 Volta
Melodie Autrichienne.
1 Volta
2 Volta
(Voir pour ce qui concerne le dièze le n° 14 de la 8me page.)

Exercices sur l'intervalle de quarte.

Si on fait entendre successivement ou simultanément dans la gamme les deux notes extrêmes d'une série de 4 notes consécutives, comme  etc. se nomment quarte ou intervalle de quarte.

Préparation à l'intervalle de quarte.

Exercices cadencés.
A
B
91
A
B
92
93
94

Récréations.
95
96
97
Exercices cadencés.
98
99
D.C.
D.C.

100
101
102
103
104
Recreations
105

Exercices sur l'intervalle de quinte.

Si on fait entendre successivement ou simultanément dans la gamme les deux notes extrêmes d'une série de 5 notes consé-cutives, comme ces notes se nomment quinte ou intervalle de quinte.

111

112

113

114

115

Exercices cadencés
116
117
118
Récréations.
119
1. Volta
2 Volta
120

121
122
Exercices cadencés.
123
124
125

126
127
Récréations.
fin
128
129
130
131
fin

Exercices cadencés.
132
133
134
135
136
Romances sans paroles.
137

Exercices sur l'intervalle de Sixte.
Si l'on fait entendre successivement ou simultanément dans la gamme les deux notes extrêmes d'une série de six notes consécutives, ces notes se nomment Sixte ou intervalle de sixte.
etc.
Préparation à l'intervalle de sixte.

Mélodies
1ª Volta
2ª Volta
fin
fin
D.C.
fin
fin

Récapitulation des intervalles.